www.ingramcontent.com/pod-product-compliance
Lightning Source LLC
LaVergne TN
LVHW010819051026
849532LV00007B/2573
* 9 7 8 9 3 6 9 0 8 9 1 8 5 *

# گیت گاتا چل

(جذباتی فلمی نغمے / حصہ : ۲)

(۱۹۷۰ء اور ۱۹۸۰ء کی دہائی)

مرتبہ:

مکرم نیاز

**Geet gaata chal : Emotional film songs - Part-2**

by: Mukarram Niyaz

Edition: September '2025

Publisher :

*Taemeer Publications LLC* (Michigan, USA / Hyderabad, India)

ISBN 978-93-6908-918-5

9 789369 089185



| | | |
|---|---|---|
| کتاب | : | **گیت گاتا چل** (جذباتی فلمی نغمے / حصہ: ۲) |
| مرتب | : | **مکرم نیاز** |
| صنف | : | شاعری |
| ناشر | : | تعمیر پبلی کیشنز (حیدرآباد، انڈیا) |
| سالِ اشاعت | : | ۲۰۲۵ء |
| صفحات | : | ۱۱۸ |
| سرورق ڈیزائن | : | تعمیر ویب ڈیزائن |

# تعارف

بالی ووڈ سینما کی ایک انفرادیت اس کے نغمے، گیت اور موسیقی بھی ہیں۔ مغل اعظم، پاکیزہ اور امراؤ جان سے لے کر 'دل تو پاگل ہے' تک کی فلموں نے اردو شاعری کا لوہا منوایا ہے۔ ۱۹۶۰ کی دہائی کے جوبلی کمار (راجندر کمار) اپنی اداکاری سے زیادہ اپنی فلموں کے گانوں کے سہارے مقبول ہوئے اسی طرح ۷۰ کی دہائی کے سپراسٹار راجیش کھنہ بھی!

ان مشہور و مقبول فلمی نغموں کے آڈیو / ویڈیو آج سائبر دنیا میں جہاں دستیاب ہیں وہیں بصورت تحریر دیوناگری اور رومن رسم الخط میں مختلف ویب سائٹس پر بھی موجود ہیں۔ اردو رسم خط میں اس کمی کا خیال کرتے ہوئے، 'تعمیر نیوز' کی جانب سے بالی ووڈ فلمی نغموں کے لیے ایک بلاگ مختص کیا گیا جہاں تقریباً ۷۰۰ سے زائد نغموں کو اردو نستعلیق تحریر کی شکل میں پیش کرنے کی سعی کی گئی۔ انہی نغموں کو کتابی شکل میں بھی 'تعمیر پبلی کیشنز' کی جانب سے پیش کیا جا رہا ہے۔

۱۵/ستمبر ۲۰۲۵ء ، حیدرآباد، تلنگانہ، انڈیا۔

# جذباتی

(سال : نغموں کی تعداد)

۱۹۷۰ : ۲۶

۱۹۸۰ : ۲۶

## ۱۹۷۰ - گانا نمبر : ۰۱

# جیون سے بھری تیری آنکھیں

فلم : سفر (۱۹۷۰ء)

نغمہ نگار : اندیور

گلوکار : کشور کمار

موسیقار : کلیان جی آنند جی

اداکار : راجیش کھنہ، شرمیلا ٹیگور

جیون سے بھری تیری آنکھیں
مجبور کرے جینے کے لیے
ساگر بھی ترستے رہتے ہیں
تیرے روپ کا رس پینے کے لیے
تصویر بنائے کیا کوئی
کیا کوئی لکھے تجھ پہ کویتا
رنگوں چھندوں میں سمائے گی

کس طرح سے اتنی سندرتا
اک دھڑکن ہے تو دل کے لیے
اک جان ہے تو جینے کے لیے
مدھوبن کی سگندھ ہے سانسوں میں
بانہوں میں کمل کی کوملتا
کرنوں کا تیز ہے چہرے پہ
ہرنوں کی ہے تجھ میں چنچلتا
آنچل کا تیرے ہے تار بہت
کوئی چاک جگر سینے کے لیے

***

## گانا نمبر : ۰۲

# تیرے میرے ملن کی یہ رینا

فلم : ابھیمان (۱۹۷۳ء)

نغمہ نگار : مجروح سلطان پوری

گلوکار : لتا منگیشکر، کشور کمار

موسیقار : ایس۔ڈی۔برمن

اداکار : ایتابھ بچن، جیہ بہادری

تیرے میرے ملن کی یہ رینا
نیا کوئی گل کھلائے گی
تبھی تو چنچل ہیں تیرے نینا، دیکھو ناں
ننھا سا گل کھلے گا انگنا
سونی باہیں سجے گی سجنا
جیسے کھیلے چندا بادل میں
کھیلے گا وہ تیرے آنچل میں
چندنیا گنگنائے گی

تبھی تو چنچل ہیں تیرے نیناں
تجھے تھامیں کئی ہاتھوں سے
ملوں گا مدھ بھری راتوں سے
جگا کے ان سنی سی دھڑکن
بلمواں بھر دوں گی تیرا من
نئی ادا سے ستائے گی
تبھی تو چنچل ہیں تیرے نیناں

***

گانا نمبر : ۰۳

# سنسار ہے ایک ندیا دکھ سکھ دو کنارے ہیں

فلم : رفتار (۱۹۷۵ء)

نغمہ نگار : ابھیلاش

گلوکار : آشا بھونسلے، مکیش

موسیقار : سونک اومی

اداکار : ونود مہرا، موسمی چٹرجی، ڈینی، مدن پوری

سنسار ہے ایک ندیا دکھ سکھ دو کنارے ہیں
نہ جائے کہاں جائیں ہم بہتے دھارے ہیں
چلتے ہوئے جیون کی رفتار میں ایک لے ہے
ایک راگ میں ایک سر میں سنسار کی ہر شے ہے
ایک تار پہ گردش میں یہ چاند ستارے ہیں
نہ جائے کہاں جائیں ہم بہتے دھارے ہیں
دھرتی پہ عنبر کی آنکھوں سے برستی ہے
ایک روز یہی بوندیں پھر بادل بنتی ہیں

اس بننے بگڑنے کے دستور میں سارے ہیں
نہ جائے کہاں جائیں ہم بہتے دھارے ہیں
کوئی بھی کسی کے لیے اپنا نہ پرایا ہے
رشتوں کے اجالے میں ہر آدمی سایہ ہے
قدرت کے بھی دیکھو تو یہ کھیل نرالے ہیں
نہ جائے کہاں جائیں ہم بہتے دھارے ہیں
ہے کون وہ دنیا میں نہ پاپ کیا جس نے
بن الجھے کانٹوں سے ہے پھول چنے کس نے
بے داغ نہیں کوئی یہاں پاپی سارے ہیں
نہ جائے کہاں جائیں ہم بہتے دھارے ہیں

***

## گانا نمبر : ۰۴

# خدا بھی آسماں سے جب زمیں پر دیکھتا ہوگا

فلم : دھرتی (۱۹۷۰ء)

نغمہ نگار : راجندر کرشن

گلوکار : محمد رفیع

موسیقار : شنکر جے کشن

اداکار : راجندر کمار، وحیدہ رحمان

خدا بھی آسماں سے جب زمیں پر دیکھتا ہوگا
میرے محبوب کو کس نے بنایا سوچتا ہوگا
مصور خود پریشاں ہے کہ یہ تصویر کس کی ہے
بنوگی جس کی تم ایسی حسیں تقدیر کس کی ہے
کبھی وہ جل رہا ہوگا، کبھی خوش ہو رہا ہوگا
زمانے بھر کی مستی کو نگاہوں میں سمیٹا ہے
کلی سے جسم کو کتنی بہاروں میں لپیٹا ہے
ہوا تم سا کوئی پہلے نہ کوئی دوسرا ہوگا

فرشتے بھی یہاں راتوں کو آ کر گھومتے ہوں گے
جہاں رکھتی ہو تم پاؤں، جگہ وہ چومتے ہوں گے
کسی کے دل پہ کیا گزری، یہ وہ ہی جانتا ہو گا

***

## گانا نمبر : ۰۵

# جب دیپ جلے آنا

فلم : چِت چور (۱۹۷۶ء)

نغمہ نگار : رویندر جین

گلوکار : ہیم لتا، یسوداس

موسیقار : رویندر جین

اداکار : امول پالیکر، زرینہ وہاب

جب دیپ جلے آنا، جب شام ڈھلے آنا
سنکیت ملن کا بھول نہ جانا
میرا پیار نہ بِسرانا
میں پلکن ڈگر بہاروں گا، تیری راہ نہاروں گا
میری پریت کا کاجل، تم اپنے نیناں میں ملے آنا
جہاں پہلی بار ملے تھے ہم
جس جگہ سے سنگ چلے تھے ہم
ندیا کے کنارے ، آج اسی انبوہ کے تلے آنا

نیت سانجھ سویرے ملتے ہیں

انہیں دیکھ کے تارے کھلتے ہیں

لیتے ہیں وداع ایک دوجے سے، کہتے ہیں چلے آنا

***

## گانا نمبر : ۰۶

# انہی لوگوں نے لے لیا دوپٹہ میرا

فلم : پاکیزہ (۱۹۷۲ء)

نغمہ نگار : مجروح سلطان پوری

گلوکار : لتا منگیشکر

موسیقار : غلام محمد

اداکار : مینا کماری، راج کمار، اشوک کمار

انہی لوگوں نے، انہی لوگوں نے
انہی لوگوں نے لے لیا دوپٹہ میرا
ہماری نہ مانو بجبوا سے پوچھو
ہماری نہ مانوں سیاں، بجبوا سے پوچھو
جس نے اشرفی گز دینا دوپٹہ میرا
او جی ہو دوپٹہ میرا، او دوپٹہ میرا
آ ہمری نہ مانو رنگ رجوا سے پوچھو
ہمری نہ مانو سیاں، ہمری نہ مانو رنگ رجوا سے پوچھو

جس نے، جس نے گلابی رنگ دینا دوپٹہ میرا
انہی لوگوں نے، انہی لوگوں نے، انہی لوگوں نے
ہمری نہ مانو سپاہیاں سے پوچھو
آ آ ہمری نہ مانو سپاہیاں سے پوچھو
جس نے، جس نے بجریا میں چھینا دوپٹہ میرا
انہی لوگوں نے لے لیا دوپٹہ میرا
دوپٹہ میرا، دوپٹہ میرا

***

## گانا نمبر : ۰۷

# سات عجوبے اس دنیا میں آٹھویں اپنی جوڑی

فلم : دھرم ویر (۱۹۷۷ء)

نغمہ نگار : آنند بخشی

گلوکار : محمد رفیع ، مکیش

موسیقار : لکشمی کانت پیارے لال

اداکار : دھرمیندر، جتیندر، زینت امان ، نیتو سنگھ، پران

سات عجوبے اس دنیا میں آٹھویں اپنی جوڑی
ارے توڑے سے بھی ٹوٹے ناں یہ دھرم ویر کی جوڑی
کوئی تجھ کو دے آواز تو میں بولوں
کوئی تجھے پکارے تو میں لب کھولوں
کیا جینا اور کیا مر جانا
ایسا ہوتا ہے یارانہ
ارے چھوڑی یاروں نے دنیا پر یار کی بانہہ نہ چھوڑی
سات عجوبے اس دنیا میں ---

یہ لڑکی ہے یا ریشم کی ڈور ہے

کتنا غصہ ہے کتنی منہ زور ہے

ڈھیلا چھوڑ نہ دینا ہنس کے

رکھنا دوست لگام کس کے

ارے مشکل سے قابو میں آئے تھوڑی ڈھیل جو چھوڑی

سات عجوبے اس دنیا میں ---

دکھ سکھ کے ہم ساتھی ہیں یہ وعدہ ہے

اپنا جو کچھ ہے سب آدھا آدھا ہے

جو یہ سچا وعدہ ہے تو سب کچھ آدھا ہے تو

ارے رانی ماں سے مجھ کو بھی ممتا مل جائے تھوڑی

سات عجوبے اس دنیا میں آٹھویں اپنی جوڑی

ارے توڑے سے بھی ٹوٹے ناں یہ دھرم ویر کی جوڑی

***

## گانا نمبر : ۰۸

# میرے دیوانے پن کی بھی دوا نہیں

فلم : محبوب کی مہندی (۱۹۷۱ء)

نغمہ نگار : آنند بخشی

گلوکار : کشور کمار

موسیقار : لکشمی کانت پیارے لال

اداکار : راجیش کھنہ، لینا چنداورکر

میرے دیوانے پن کی بھی دوا نہیں
میں نے جانے کیا سن لیا، تو نے تو کچھ کہا نہیں
میں یہ سمجھا میرے دل کی کوئی حسرت نکل گئی
تو نے دیکھا مجھے ایسے کہ طبیعت مچل گئی
ورنہ تیرے سر کی قسم آدمی میں برا نہیں
بےادب ہوں میں دیوانہ اس قدر تو خفا ہوئی
چھو لیا کیوں بدن تیرا، توبہ کیسی خطا ہوئی
ساری دنیا میں کوئی میرے لائق سزا نہیں

چاندنی رات میں جیسے رخِ گل پہ کرن پڑی
بے سبب روٹھ کر تیرے ماتھے پر یوں شکن پڑی
میرے محبوب یہ تیری بے رخی ہے ادا نہیں

***

## گانا نمبر : ۰۹

# یاری ہے ایمان میرا یار میری زندگی

فلم : زنجیر (۱۹۷۳ء)

نغمہ نگار : گلشن باوَرا

گلوکار : مناڈے

موسیقار : کلیان جی آنند جی

اداکار : ایمتابھ بچن، جیا بہادری، پران، اجیت

گر خدا مجھ سے کہے کچھ مانگ اے بندے میرے
میں یہ مانگوں محفلوں کے دور یوں چلتے رہیں
ہم پیالہ، ہم نوالہ، ہمسفر ، ہمراز ہو
تاقیامت جو چراغوں کی طرح جلتے رہیں
یاری ہے ایمان میرا یار میری زندگی
پیار ہو بندوں سے یہ سب سے بڑی ہے بندگی
سازِ دل چھیڑو جہاں میں، پیار کی گونجے صدا
جن دلوں میں پیار ہے ان پہ بہاریں ہوں فدا

پیار لے کے نور آیا، پیار لے کے سادگی
جان بھی جائے اگر یاری میں، یارو غم نہیں
اپنے ہوتے یار ہو غمگین مطلب ہم نہیں
ہم جہاں ہیں اس جگہ جھومے گی ناچے گی خوشی
گلِ گلزار کیوں بیزار نظر آتا ہے
چشمِ بد کا شکار یار نظر آتا ہے
چھپا نہ ہم سے، ذرا حالِ دل سنا دے تو
تیری ہنسی کی قیمت کیا ہے، یہ بتا دے تو
کہے تو آسماں سے چاند تارے لے آؤں
حسیں جواں اور دلکش نظارے لے آؤں
تیرا ممنون ہوں تو نے نبھایا یارانہ
تیری ہنسی ہے آج سب سے بڑا نذرانہ
یار کے ہنستے ہی، محفل پہ جوانی آ گئی
یاری ہے ایمان میرا یار میری زندگی، یاری ہے ---

***

## گانا نمبر : ۱۰

# کانچی رے کانچی رے، پریت میری سانچی

فلم : ہرے راما ہرے کرشنا (۱۹۷۱ء)

نغمہ نگار : آنند بخشی

گلوکار : لتا منگیشکر، کشور کمار

موسیقار : آر ڈی برمن

اداکار : دیو آنند، زینت امان، ممتاز

کانچی رے کانچی رے، پریت میری سانچی
رک جا، نہ جا دل توڑ کے
تیرے ہاتھوں میں ہے میری ڈوری جیسے
کچے دھاگے سے میں بندھا آیا ایسے
مشکل ہے جینا، دے دے او حسینہ
واپس میرا دل موڑ کے
کانچی رے کانچی رے، پریت میری سانچی
رک جا، نہ جا دل توڑ کے

جھوٹا ہے یہ غصہ تیرا سچا نہیں
سچے پریمی کو تڑپانا اچھا نہیں
واپس نہ آؤں گا میں جو چلا جاؤں گا
یہ تیری گلیاں چھوڑ کے
کانچی رے کانچی رے ---
رنگ تیرے میں یہ تن رنگ لیا
تن کیا ہے میں نے من رنگ لیا
بس چپ ہی رہنا، اب پھر نہ کہنا
رک جا، نہ جا دل توڑ کے
کانچی رے کانچی رے، پریت میری سانچی
رک جا، نہ جا دل توڑ کے

***

گانا نمبر : ۱۱

# میں ڈھونڈتا ہوں جن کو

فلم : ٹھوکر (۱۹۷۴ء)

نغمہ نگار : ساجن دہلوی

گلوکار : مکیش

موسیقار : شیام جی گھنشیام جی

اداکار : بلدیو کھوسلہ ، الکا

میں ڈھونڈتا ہوں جن کو
راتوں کو خیالوں میں
وہ مجھ کو مل سکے نہ
صبح کے اجالوں میں
سہانی پیار کی باتیں
مرے دلدار کی باتیں
کبھی اقرار کی باتیں
کبھی انکار کی باتیں

اک درد سا چھپا ہے
دل کے حسین چھالوں میں
میں ڈھونڈتا ہوں جن کو
راتوں کو خیالوں میں
جو یوں برباد ہوتے ہیں
وہ کب آباد ہوتے ہیں
دلِ ناشاد ہوتے ہیں
الجھا ہوا ہوں کب سے
غم کے عجیب جالوں میں
میں ڈھونڈتا ہوں جن کو
راتوں کو خیالوں میں ---

***

## گانا نمبر : ۱۲

# ایک راستہ ہے زندگی

فلم : کالا پتھر (۱۹۷۹ء)

نغمہ نگار : ساحر لدھیانوی

گلوکار : کشور کمار، لتا منگیشکر

موسیقار : راجیش روشن

اداکار : ایتابھ بچن، ششی کپور، شتروگھن سنہا، راکھی، پروین بابی، نیتو سنگھ

اک راستہ ہے زندگی، جو تھم گئے تو کچھ نہیں
یہ قدم کسی مقام پہ جو جم گئے تو کچھ نہیں
او جاتے راہی، او بانکے راہی
میری بانہوں کو ان راہوں کو
تو چھیڑ کے نہ جا، تو واپس آ جا
وہ حسن کے جلوے ہوں یا عشق کی آوازیں
آزاد پرندوں کی رکتی نہیں پروازیں

جاتے ہوئے قدموں سے آتے ہوئے قدموں سے
بھری رہے گی راہ گزر، جو ہم گئے تو کچھ نہیں
ایسا غضب نہیں ڈھانا، پیا مت جانا بدیسوا رے
او ہم کو بھی سنگ لیے جانا، پیا جب جانا بدیسوا رے
ہو جاتے ہوئے راہی کے سائے میں سمٹنا کیا
اک پل کے مسافر کے دامن سے لپٹنا کیا
جاتے ہوئے قدموں سے آتے ہوئے قدموں سے
بھری رہے گی راہ گزر، جو ہم گئے تو کچھ نہیں

***

## گانا نمبر : ۱۳

# دل تو ہے دل، دل کا اعتبار کیا کیجیے

فلم : مقدر کا سکندر (۱۹۷۸ء)

نغمہ نگار : انجان

گلوکار : لتا منگیشکر

موسیقار : کلیان جی آنند جی

اداکار : راکھی، امیتابھ بچن، ونود کھنہ

دل تو ہے دل، دل کا اعتبار کیا کیجیے
آ گیا جو کسی پہ پیار کیا کیجیے
یادوں میں تیری کھوئی، راتوں کو میں نہ سوئی
حالت یہ میرے من کی جانے نہ جانے کوئی
برسوں ہیں ترسی آنکھیں، جاگی ہیں پیاسی راتیں
آئی ہیں آتے آتے ہونٹوں پہ دل کی باتیں
پیار میں تیرے دل کا میرے کچھ بھی ہو انجام
بیقراری میں ہے قرار کیا کیجیے

چھائے ہیں من پہ میرے، مدہوش نیناں تیرے
گھیرے ہیں تن کو میرے، تیری بانہوں کے گھیرے
دوری سہی نہ جائے، چین کہیں نہ آئے
چلنا ہے اب تو تیری پلکوں کے سائے سائے
بس نہ چلے رے، شام سویرے لے کے تیرا نام
دل دھڑکتا ہے بار بار کیا کیجیے

***

## گانا نمبر : ۱۴

# دل اسے دو جو جاں دے دے

فلم : انداز (۱۹۷۱ء)

نغمہ نگار : حسرت جے پوری

گلوکار : محمد رفیع، آشا بھونسلے

موسیقار : شنکر جے کشن

اداکار : شمی کپور، ہیما مالنی، راجیش کھنہ

دل اسے دو جو جاں دے دے
جاں اسے دو جو دل دے دے
یہ پیار کے نظارے ہیں دیکھ لو جدھر
اب ناچتی ہے دنیا خوشی کا ہے اثر
لو ختم ہوا ہے یہ آج کا سفر
اب ہوگی سہانی وہ کل کی سحر
دل اسے دو جو جاں دے دے
جو سوچتے رہو گے تو کچھ نہ ملے گا

جو چپکے رہو گے تو کام نہ بنے گا

جو دل میں جلو گے تو ارماں جلے گا

جو بڑھتے چلو گے تو راستہ ملے گا

دل اسے دو جو جاں دے دے

وہ غنچہ نہیں ہے جو کھلنا نہ جانے

وہ بادِ صبا کیا جو چلنا نہ جانے

وہ بجلی نہیں جو چمکنا نہ جانے

وہ انساں نہیں جو تڑپنا نہ جانے

دل اسے دو جو جاں دے دے

***

## گانا نمبر : ۱۵

# تو جو میرے سُر میں، سر ملا لے

فلم : چت چور (۱۹۷۶ء)

نغمہ نگار : رویندر جین

گلوکار : یشوداس، ہیم لتا

موسیقار : رویندر جین

اداکار : امول پالیکر، زرینہ وہاب

تو جو میرے سُر میں، سر ملا لے، سنگ گا لے
تو زندگی ہو جائے سپھل
تو جو میرے من کو گھر بنا لے، من لگا لے
تو بندگی ہو جائے سپھل
چاندنی راتوں میں، ہاتھ لیے ہاتھوں میں
ڈوبے رہیں ایک دوسرے کی رس بھری باتوں میں
تو جو میرے سنگ میں، مسکرا لے، گنگنا لے
تو زندگی ہو جائے سپھل

کیوں ہم بہاروں سے خوشیاں ادھار لیں
کیوں نہ مل کے ہم ہی خود اپنا جیون سنوار لیں
تو جو میرے پتھ میں، دیپ بالے، ہو اجالے
تو بندگی ہو جائے سپھل

***

## گانا نمبر : ۱٦

# بنجارہ ہوں میں کسی کا پیارا ہوں میں

فلم : آنکھ کا تارا (۱۹۷۸ء)

نغمہ نگار : کوی پردیپ

گلوکار : محمد رفیع

موسیقار : سی ارجن

اداکار : سچن، اجیت، بھارت بھوشن

بنجارہ ہوں میں کسی کا پیارا ہوں میں
وقت کا مارا ہوں، بنجارہ ہوں میں
کسی کا پیارا ہوں میں وقت کا مارا ہوں
مل کے بچھڑ گئی آنکھ جو مجھ سے
میں اس آنکھ کا تارا ہوں بنجارہ ہوں میں
کسی کا پیارا ہوں میں وقت کا مارا ہوں
اس نگری میں میں تو لوگو
آ گیا رمتا رمتا رے

مجھے بتا دو اس بستی میں
کہاں ملے گی ممتا رے
کہاں ملے گی ممتا
اپنے ہی گھر کی راہ جو بھولا
میں وہ راہی بچارہ ہوں
بنجارہ ہوں میں کسی کا پیارا ہوں میں
سارے نظارے مجھ سے روٹھے
جدا ہوئی ہر جیوتی رے
اک دن ٹوٹی تھی جو مالا
میں ہوں اس کا موتی رے
جس کو نصیبہ یہاں لے ڈوبا
میں وہ اک دکھیارا ہوں
سبھی سہارے چھوٹے جس کے
میں ہوں وہ دربھاگی رے
میں ہوں وہ دربھاگی
اب تو کہیں میرا دل نہیں لگتا

من ہے بنا بیراگی
اے داتا میرا ہاتھ پکڑ لے
میں جیون سے ہارا ہوں
بنجارہ ہوں میں کسی کا پیارا ہوں میں
وقت کا مارا ہوں، بنجارہ ہوں میں

***

## گانا نمبر : ۱۷

# دل کے ٹکڑے ٹکڑے کر کے مسکرا کے چل دیئے

فلم : دادا (۱۹۷۹ء)

نغمہ نگار : کلونت جانی

گلوکار : یشوداس

موسیقار : اوشا کھنہ

اداکار : ونود مہرا، بندیا گوسوامی

دل کے ٹکڑے کر کے، مسکرا کے چل دیئے
جاتے جاتے یہ تو بتا جا، ہم جئیں گے کس کے لیے
چاند بھی ہو گا، تارے بھی ہوں گے
پھول چمن میں پیارے بھی ہوں گے
لیکن ہمارا دل نہ لگے گا
بھیگے گی جب جب رات سہانی
آگ لگائے گی رت مستانی
تو ہی بتا کوئی کیسے جیے گا

دل کے ماروں کو دل کے مالک ٹھوکر لگا کر چل دیے

روٹھیں رہیں گے آپ جو ہم سے

مر جائیں گے ہم بھی قسم سے

سن لے ہاتھ چھڑانے سے پہلے

جان ہماری، نام پہ تیرے جائے گی اک دن دلبر میرے

سوچ سمجھ لے جانے سے پہلے

یوں اگر تم دل کی تمنا کو مٹا کے چل دیے

***

## گانا نمبر : ۱۸

# گھنگھرو کی طرح بجتا ہی رہا ہوں

فلم : چور مچائے شور (۱۹۷۴ء)

نغمہ نگار : رویندر جین

گلوکار : کشور کمار

موسیقار : رویندر جین

اداکار : ششی کپور، ممتاز

گھنگھرو کی طرح، بجتا ہی رہا ہوں میں
کبھی اِس پگ میں، کبھی اُس پگ میں
بندھتا ہی رہا ہوں میں
کبھی ٹوٹ گیا، کبھی توڑا گیا
سو بار مجھے پھر جوڑا گیا
یونہی لٹ لٹ کے اور مٹ مٹ کے
بنتا ہی رہا ہوں میں
میں کرتا رہا اوروں کی کہی

میری بات میرے من ہی میں رہی
کبھی مندر میں، کبھی محفل میں
سجتا ہی رہا ہوں میں
اپنوں میں رہیں یا غیروں میں
گھنگھرو کی جگہ تو ہے پیروں میں
پھر کیسا گلہ، جگ سے جو ملا
سجتا ہی رہا ہوں میں

***

## گانا نمبر : ۱۹

# میرے نیناں ساون بھادوں

فلم : محبوبہ (۱۹۷۶ء)
نغمہ نگار : آنند بخشی
گلوکار : کشور کمار، لتا منگیشکر
موسیقار : آر ڈی برمن
اداکار : راجیش کھنہ، ہیما مالنی

میرے نیناں ساون بھادوں
پھر بھی میرا من پیاسا
بات پرانی ہے، ایک کہانی ہے
اب سوچوں تمہیں یاد نہیں ہے
اب سوچوں نہیں بھولیں
وہ ساون کے جھولے
رت آئے رت جائے
دے کے جھوٹا اک دلاسا

برسوں بیت گئے، ہم کو ملے بچھڑے
بجری بن کے گگن پہ چمکی
بیتے سمے کی ریکھا
میں نے تم کو دیکھا
تڑپ تڑپ کے اس برہن کو آیا چین ذرا سا
گھنگھرو کی چھم چھم، بن گئی دل کا غم
ڈوب گیا دل یادوں میں ابھری بے رنگی لکیریں
دیکھو یہ تصویریں
سونے محل میں ناچ رہی ہے اب تک ایک رقاصہ
پھر بھی میرا من پیاسا
میرے نیناں ساون بھادوں

***

## گانا نمبر : ۲۰

# کیا ہوا ترا وعدہ

فلم : ہم کسی سے کم نہیں (۱۹۷۷ء)

نغمہ نگار : مجروح سلطان پوری

گلوکار : محمد رفیع

موسیقار : آر ڈی برمن

اداکار : رشی کپور، زینت امان، طارق

کیا ہوا ترا وعدہ ، وہ قسم وہ ارادہ

کیا ہوا ترا وعدہ ، وہ قسم وہ ارادہ

بھولے گا دل ، جس دن تمہیں

وہ دن زندگی کا آخری دن ہو گا

کیا ہوا ترا وعدہ ، وہ قسم وہ ارادہ

یاد ہے مجھ کو تُو نے کہا تھا

تم سے نہیں روٹھیں گے کبھی

پھر اس طرح سے آج ملے ہیں

کیسے بھلا چھوٹیں گے کبھی

تیری بانہوں میں بیتے ہر شام

کہ تجھے کچھ بھی یاد نہیں

کیا ہوا ترا وعدہ ----

او کہنے والے مجھ کو فریبی

کون فریبی ہے یہ بتا

ہو جس نے غم لیا پیار کی خاطر

یا جس نے پیار کو بیچ دیا

نشہ دولت کا ایسا بھی کیا

بے وفا یہ تجھے یاد نہیں

کیا ہوا ترا وعدہ ----

بھولے گا دل جس دن تمہیں

وہ دن زندگی کا آخری دن ہو گا

کیا ہوا ترا وعدہ ، وہ قسم وہ ارادہ

***

## گانا نمبر : ۲۱

# آدمی مسافر ہے آتا ہے جاتا ہے

فلم : اپنا پن (۱۹۷۷ء)

موسیقار : لکشمی کانت پیارے لال

کاسٹ : جتندر ، رینا رائے

گلوکار : رفیع

آدمی مسافر ہے آتا ہے جاتا ہے
آتے جاتے رستے میں یادیں چھوڑ جاتا ہے
جھونکا ہوا کا پانی کا ریلا
میلے میں رہ جائے جو اکیلا
وہ پھر اکیلا ہی رہ جاتا ہے
آدمی مسافر ہے ---
کیا ساتھ لائے کیا چھوڑ آئے
رستے میں ہم کیا چھوڑ آئے
منزل پہ جا کے ہی یاد آتا ہے

آدمی مسافر ہے---

جب ڈولتی ہے جیون کی نیّا

کوئی تو بن جاتا ہے کِھوَیّا

کوئی کنارے پہ ہی ڈوب جاتا ہے

آدمی مسافر ہے ---

روتی ہے آنکھ جلاتا ہے یہ دل

جب اپنے گھر کے چھٹتے دیے سے

آنگن پرایا جگمگاتا ہے

آدمی مسافر ہے ---

***

## گانا نمبر : ۲۲

# زندگی کا سفر ہے یہ کیسا سفر

فلم : سفر (۱۹۷۰ء)

نغمہ نگار : -------

گلوکار : کشور کمار

موسیقار : کلیان جی آنند جی

اداکار : راجیش کھنہ ، شرمیلا ٹیگور

زندگی کا سفر ہے یہ کیسا سفر
کوئی سمجھا نہیں کوئی جانا نہیں
ہے یہ کیسی ڈگر چلتے ہیں سب مگر
کوئی سمجھا نہیں کوئی جانا نہیں
زندگی کو بہت پیار ہم نے کیا
موت سے بھی محبت نبھائیں گے ہم
روتے روتے زمانے میں آئے مگر
ہنستے ہنستے زمانے سے جائیں گے ہم

منتخب جذباتی نغموں کا ایک اور مجموعہ

# گیت گاتا چل

(جذباتی فلمی نغمے / حصہ:۳)

مرتبہ : مکرم نیاز

بین الاقوامی ایڈیشن جلد منظر عام پر آرہا ہے

***

جائیں گے پر کدھر ہے کسے یہ خبر
کوئی سمجھا نہیں کوئی جانا نہیں
ایسے جیون بھی ہیں جو جیے ہی نہیں
جن کو جینے سے پہلے ہی موت آ گئی
پھول ایسے بھی ہیں جو کھلے ہی نہیں
جن کو کھلنے سے پہلے خزاں کھا گئی
ہیں پریشاں نظر تھک گئے چارہ گر
کوئی سمجھا نہیں کوئی جانا نہیں
ہے یہ کیسی ڈگر چلتے ہیں سب مگر
کوئی سمجھا نہیں کوئی جانا نہیں
زندگی کا سفر ہے یہ کیسا سفر
کوئی سمجھا نہیں کوئی جانا نہیں

***

## گانا نمبر : ۲۳

# آجا تجھ کو پکاریں میرے گیت رے

فلم : گیت (۱۹۷۰ء)

نغمہ نگار : آنند بخشی

گلوکار : محمد رفیع

موسیقار : کلیان جی آنند جی

اداکار : راجندر کمار ، مالاسنہا

میرے متوا، میرے میت رے

آجا تجھ کو پکاریں میرے گیت رے ، میرے گیت رے

او میرے متوا ، میرے میت رے

آجا تجھ کو پکاریں میرے گیت رے ، میرے گیت رے

چاند چکوری کی پریم کہانی

پریم جگت میں ہے سب سے پرانی

اس سے پرانی ایک کہانی، تیری میری پریت رے

ہم بھی ملے تھے کبھی جمنا کنارے

رادھا کشن تھے کبھی نام ہمارے
پھر وہ مرلیا، پھر وہ پائیلیا
پھر وہی سنگیت رے
ترسے گی کب تک پیاسی نظریا
برسے گی کب میرے آنگن بدریا
چھوڑ کے آجا ، توڑ کے آجا
دنیا کی ہر رِیت رے
نام نہ جانوں تیرا دیش نہ جانوں
کیسے میں بھیجوں سندیش نہ جانوں
یہ پھولوں کی یہ جھولوں کی
رُت نہ جائے بِیت رے، آجا تجھ کو ---

***

## گانا نمبر : ۲۴

# زندگی ایک سفر

فلم : انداز (۱۹۷۱ء)

نغمہ نگار : --------

گلوکار : کشور کمار

موسیقار : شنکر جےَ کشن

اداکار : راجیش کھنہ ، ہیما مالنی ، شمی کپور

زندگی ایک سفر ہے سہانا
یہاں کل کیا ہو کس نے جانا
ہنستے گاتے جہاں سے گزر
دنیا کی تُو پرواہ نہ کر
مسکراتے ہوئے دن بِتانا
یہاں کل کیا ہو کس نے جانا
ہاں زندگی ایک سفر ---
موت آنی ہے آئے گی ایک دن

جان جانی ہے جائے گی ایک دن

ایسی باتوں سے کیا گھبرانا

یہاں کل کیا ہو کس نے جانا

ہاں زندگی ایک سفر ---

چاند تاروں سے چلنا ہے آگے

آسمانوں سے بڑھنا ہے آگے

پیچھے رہ جائے گا یہ زمانہ

یہاں کل کیا ہو کس نے جانا

ہاں زندگی ایک سفر ---

***

## گانا نمبر : ۲۵

# رُک جانا نہیں ، او راہی او راہی

**فلم : امتحان (۱۹۷۴ء)**

**نغمہ نگار : --------**

**گلوکار : کشور کمار**

**موسیقار : لکشمی کانت پیارے لال**

**اداکار : ونود کھنہ، تنوجہ، بندو**

رُک جانا نہیں ، تُو کہیں ہار کے
کانٹوں پہ چل کے ملیں گے سائے بہار کے
او راہی ، او راہی
او راہی ، او راہی ----
سورج دیکھ رُک گیا ہے ، تیرے آگے جھک گیا ہے
جب کبھی ایسے کوئی مستانہ
نکلے ہے اپنی دھن میں دیوانہ
شام سہانی بن جاتی ہے ، دن انتظار کے

ساتھی نہ کارواں ہے ، یہ تیرا امتحاں ہے
یونہی چلا چل دل کے سہارے
کہ دیتی ہے منزل تجھ کو اشارے
دیکھ کہیں کوئی رُکا نہیں لے ، تجھ کو پکار کے
او راہی ، او راہی
او راہی ، او راہی ----
رُک جانا نہیں ----------

***

## گانا نمبر : ۲٦

# مسافر ہوں میں یارو

فلم : پریچے (۱۹۷۲ء)

نغمہ نگار : ------

گلوکار : کشور کمار

موسیقار : ر۔ڈ۔ برمن

اداکار : جتندر، جیہ بہادری

مسافر ہوں میں یارو
نہ گھر ہے نہ ٹھکانہ
مجھے چلتے جانا ہے ، بس ، چلتے جانا
مسافر ہوں یارو ----
اک راہ رُک گئی ، تو اور جُڑ گئی
میں مڑا تو ساتھ ساتھ ، راہ مڑ گئی
ہوا کے پَروں پہ ، میرا آشیانہ
مسافر ہوں یارو ----

دن نے ہاتھ تھام کے ، اِدھر بٹھا لیا

رات نے اشارے سے ، اُدھر بلا لیا

صبح سے شام سے مرا ، دوستانہ

مسافر ہوں یارو ----

***

# ۱۹۸۰ - گانا نمبر : ۰۱

## یاد آ رہا ہے تیرا پیار

فلم : ڈسکو ڈانسر (۱۹۸۲ء)

نغمہ نگار : انجان

گلوکار : بپی لہری

موسیقار : بپی لہری

اداکار : متھن چکرورتی، کم

یاد آ رہا ہے تیرا پیار
کہاں ہم کہاں تم، ہوئے تم کہاں گم
آ بھی جا، آ بھی جا اک بار
او یاد آ رہا ہے تیرا پیار
یارو میں تو یہاں جیتا رہا
سارے غم دل کے بھلا کے
دے کے تمہیں ساری خوشی
میں نے یہاں کچھ بھی تو پایا نہیں

سب کچھ پا کے
مجھ کو ملی کیا زندگی
یاد آ رہا ہے تیرا پیار
ہے دل میں وہ ہی، تو وہ ہی
وہ ہی ہے یہ دنیا کے میلے
بچھڑے وہ دن جانے کہاں
روٹھے سب یہاں جانے کہاں
رہ گئے ہم تو اکیلے
آواز دیں کس کو یہاں
یاد آ رہا ہے تیرا پیار
وعدہ رہا ساتھی میرے
تیرے لیے گاتا چلا جاؤں
تو میرا دل، تو میری جاں
جینا میرا جینا یہیں
تیرے لیے زندگی لٹاؤں
تو جو نہیں، کیا ہے یہاں
یاد آ رہا ہے تیرا پیار

***

## گانا نمبر : ۰۲

# قطرہ قطرہ ملتی ہے

فلم : اجازت (۱۹۸۷ء)

نغمہ نگار : گلزار

گلوکار : آشا بھونسلے

موسیقار : آر ڈی برمن

اداکار : ریکھا، نصیرالدین شاہ، انورادھا پاٹل

قطرہ قطرہ ملتی ہے
قطرہ قطرہ جینے دو
زندگی ہے، بہنے دو
پیاسی ہوں میں، پیاسی رہنے دو
رہنے دو نا ---
کل بھی تو کچھ ایسا ہی ہوا تھا
نیند میں تھی، تم نے جب چھوا تھا
گرتے گرتے بانہوں میں بچی میں

سپنے پہ پاؤں پڑ گیا تھا
سپنوں میں بہنے دو
پیاسی ہوں میں، پیاسی رہنے دو
رہنے دو نا ---
تم نے تو آکاش بچھایا
میرے ننگے پیروں میں زمیں ہے
پا کے بھی تمہاری آرزو ہو
شاید ایسی زندگی حسیں ہے
آرزو میں بہنے دو
پیاسی ہوں میں، پیاسی رہنے دو
رہنے دو نا ---
ہلکے ہلکے کہرے کے دھوئیں میں
شاید آسماں تک آ گئی ہوں
تیری دو نگاہوں کے سہارے
دیکھو تو کہاں تک آ گئی ہوں
کہرے میں بہنے دو

پیاسی ہوں میں، پیاسی رہنے دو

رہنے دو نا ---

***

## گانا نمبر : ۰۳

# جیون کے دن چھوٹے سہی

فلم : بڑے دل والا (۱۹۸۳ء)

نغمہ نگار : مجروح سلطان پوری

گلوکار : کشور کمار

موسیقار : آر ڈی برمن

اداکار : رشی کپور، ٹینا منیم

جیون کے دن چھوٹے سہی
ہم بھی بڑے دل والے
کل کی ہمیں فرصت کہاں
سوچیں جو ہم متوالے
جینے کا رنگین موسم
یہ خوبصورت زمانہ
اپنے یہی چار پل ہیں
آگے ہے کیا کس نے جانا

جینا جسے آتا ہے وہ

ان میں ہی موج منا لے

یہ زندگی درد بھی ہے

یہ زندگی ہے دوا بھی

دل توڑنا ہی نہ جانے

جانے یہ دل جوڑنا بھی

اس زندگی کا شکریہ

صدقے میں اوپر والے

***

گانا نمبر : ۰۴

# پت جھڑ ساون بسنت بہار

فلم : سندور (۱۹۸۷ء)

نغمہ نگار : آنند بخشی

گلوکار : لتا منگیشکر، محمد عزیز

موسیقار : لکشمی کانت پیارے لال

اداکار : گوونداِ، نیلم، ششی کپور

پت جھڑ ساون بسنت بہار
ایک برس کے موسم چار
پانچواں موسم پیار کا، انتظار کا
کوئل کو کے، کو کو کو کو
کوئل کوکے بلبل گائے
ہر ایک موسم آئے جائے
لیکن پیار کا موسم آئے
سارے جیون میں ایک بار

پت جھڑ ساون بسنت بہار

رنگوں کا میلہ یہ جگ سارا

رنگ بدلتی جیون دھارا

پیار کا رنگ ہے سب سے پیارا

رنگ برنگے رنگ ہزار

پت جھڑ ساون بسنت بہار

***

## گانا نمبر : ۰۵

# آج میرے پیار کی جیت ہو جانے دو

فلم : پیار کی جیت (۱۹۸۷ء)
نغمہ نگار : ساون کمار ٹک
گلوکار : آشا بھونسلے
موسیقار : اوشا کھنہ
اداکار : ششی کپور، ونود مہرہ، ریکھا

یار پہ مجھے قربان ہو جانے دو
آج میرے پیار کی جیت ہو جانے دو
زندگی یار کے کام آ جائے تو میں
خدا کی قسم زندگی بیچ دوں
نہ ہو اجالا اگر پیار کی راہوں میں
اپنی آنکھوں کی میں روشنی بیچ دوں
بن کے نذرانہ مجھے قربان ہو جانے دو
آج میرے پیار کی جیت ہو جانے دو

وفا کے نام کو عام کر جاؤں میں
پھر اس کے بعد جیوں چاہے مر جاؤں میں
چکانا ہے مجھے پیار کے قرض کو
نبھانا ہے مجھے آج میرے فرض کو
جسم کو آج میرے نیلام ہو جانے دو
آج میرے پیار کی جیت ہو جانے دو
پیار کی جیت ہو جانے دو ---

***

## گانا نمبر : ۰۶

# انسانیت ہی سب سے پہلا دھرم ہے انسان کا

فلم : رام تیرے کتنے نام (۱۹۸۵ء)

نغمہ نگار : گلشن باوَرا

گلوکار : آرتی مکرجی

موسیقار : آر ڈی برمن

اداکار : سنجیو کمار، ریکھا

انسانیت ہی سب سے پہلا دھرم ہے انسان کا
اس کے بعد ہی پنا کھولو گیتا اور قرآن کا
کون سا گرنتھ یہ کہتا ہے یہ تیرا ہے یہ میرا ہے
سب ہی سنت کہیں یہ دنیا چار دنوں کا ڈیرا ہے
یہی چار دن جیو پیار سے کیوں خطرہ ہو جان کا
پیار ہی ہے انسان کا مذہب ہر بھاشا کا مطلب پیار
رام رحیم عیسیٰ اور نانک پیار کی بینا کے ہیں تار
دھرم کے نام پہ جھگڑا کرنا کام ہے یہ شیطان کا

جاگو ورنہ دنیا کا گلشن ویرانہ ہو جائے گا

موت کی نیند میں ہر ایک انساں بے مطلب سو جائے گا

کچھ نہ رہے گا کچھ نہ بچے گا اتنے بڑے جہان کا

***

## گانا نمبر : ۰۷

# زندگی مل کے بتائیں گے

فلم : ستے پہ ستہ (۱۹۸۲ء)

نغمہ نگار : گلشن باوَرا

گلوکار : کشور کمار، بھوپندر سنگھ، سپن چکرورتی، آر ڈی برمن

موسیقار : آر ڈی برمن

اداکار : ایتابھ بچن، ہیما مالینی، رنجیتا، امجد خاں، شکتی کپور، کنول جیت، پینٹل

زندگی مل کے بتائیں گے
حالِ دل گا کے سنائیں گے
ہم تو سات رنگ ہیں
یہ جہاں رنگیں بنائیں گے
سرگم ہم سے بنے
نغمے ہم سے جواں
جھومے آسماں، ہم ہی تو دنیا

کہ ساتھ عجوبے ہیں
ہم سے ہے جہاں
نغمے ہم سے جواں، جھومے آسماں
ارے ہم ہی تو دنیا
خوشیاں بانٹیں گے ہم
ہم غم مل کے سہیں
پھر کیوں آنسو بہیں
ارے بن کے سہارا ایک دوجے کا
یونہی چلتے رہیں
خوشیاں بانٹیں گے ہم
ہم تو سات رنگ ہیں
یہ جہاں رنگیں بنائیں گے

***

## گانا نمبر : ۰۸

# نئے پرانے سال میں ایک رات باقی ہے

**فلم : رکشا (۱۹۸۱ء)**

**نغمہ نگار : آنند بخشی**

**گلوکار : کشور کمار، آشا بھونسلے**

**موسیقار : آر ڈی برمن**

**اداکار : جیتندر، پروین بابی، موسمی چٹرجی**

نئے پرانے سال میں ایک رات باقی ہے

باقی باتیں ہو چکی، ایک بات باقی ہے

نئے پرانے سال میں۔۔۔

کہیں ہے کوئی اپنا، کہیں کوئی بیگانا

کیسے اپنی بات کہیں آخر دل دیوانہ

جلدی کیا ہے، کہہ لینا ملاقات باقی ہے

نئے پرانے سال میں۔۔۔

رات بنی ہے دلہن، خوش ہے چاند ستارے

محفل میں آ بیٹھے، دشمن دوست ہمارے
ارے آنے والے دولہا کی بارات باقی ہے
نئے پرانے سال میں۔۔۔
سب کا دل دھڑکا ہے، سال کا آنا جانا
ہم سے بچھڑ رہا ہے، ساتھی ایک پرانا
بس اب تھوڑی دیر کا، یہ ساتھ باقی ہے
نئے پرانے سال میں۔۔۔

***

## گانا نمبر : ۰۹

# زندگی حسیں ہے زندگی سے پیار کر

فلم : سوال (۱۹۸۲ء)

نغمہ نگار : مجروح سلطان پوری

گلوکار : کشور کمار

موسیقار : خیام

اداکار : سنجیو کمار، ششی کپور، رندھیر کپور، وحیدہ رحمان، پونم ڈھلون

یہ دنیا اک سیج ہے ہر روز نیا ترانہ
اک ہنگامہ سارے گاما سارے گاما سارے گاما
یہ دنیا اک سیج ہے
یہ زندگی حسیں ہے زندگی سے پیار کر
اپنا ہو یا غیر ہو، سب پہ دل نثار کر
زندگی حسیں ہے زندگی سے پیار کر
تو اپنی ہر خوشی کو لوگوں میں بانٹتا چل
جانے کیا غم ہو کس کو ہر دل میں جھانکتا چل

دنیا کے بازار میں ، دل کا کاروبار کر
زندگی حسیں ہے زندگی سے پیار کر
حیرت ہے یارو جب اس دنیا میں
دن ہیں تھوڑے دوستی نبھانے کے
کیسے ملتی ہے فرصت لوگوں کو
کرتے ہیں جو دشمنی زمانے سے
دو پل کی تو بات ہے، بات کو گوارا کر
زندگی حسیں ہے زندگی سے پیار کر
ایسا کچھ کر کے چل یہاں پیارے
دلوں میں تیری یاد رہے
جہاں والوں کے ہونٹوں پہ تیرے
فسانے تیرے بعد رہیں
دلوں میں تیری یاد رہے
آؤ ہم اس بات کو، لکھا دیں ہر دیوار پر
زندگی حسیں ہے زندگی سے پیار کر

***

گانا نمبر : ۱۰

# آپ کا خط ملا، آپ کا شکریہ

فلم : شاردا (۱۹۸۱ء)

نغمہ نگار : آنند بخشی

گلوکار : لتا منگیشکر

موسیقار : لکشمی کانت پیارے لال

اداکار : جیتندر، رامیشوری

آپ کا خط ملا، آپ کا شکریہ
آپ نے یاد مجھ کو کیا، شکریہ، شکریہ
پیار میں یاد کرنا ہی کافی نہیں
آپ کی بھول قابل معافی نہیں
کہ روٹھ جائیں گے ہم، پھر منانا صنم
یوں کٹا آپ بن، ایک چھوٹا سا دن
جیسے ایک سال تھا، دل کا وہ حال تھا
آپ کو کیا خبر، کیا ہے دردِ جگر

بس فسانہ کوئی، ایک بہانا کوئی
لکھ کے کاغذ پہ بھیج دیا، شکریہ، شکریہ
آپ لکھتے ہیں ملنے کی فرصت نہیں
چھوڑیے بے رخی ہے یہ، الفت نہیں
ہم کو تھا انتظار، دل رہا بے قرار
شام تک ہم رہیں، راستا دیکھتے
تھک گئی جب نظر، تب ملی یہ خبر
آپ آئے نہیں، کام تھا کچھ کہیں
پر ہمیں غم نہیں، یہ بھی کچھ کم نہیں
دل کے بدلے لفافہ ملا، شکریہ، شکریہ

***

## گانا نمبر : ١١

# تو کل چلا جائے گا تو میں کیا کروں گا

**فلم : نام (١٩٨٦ء)**

**نغمہ نگار : آنند بخشی**

**گلوکار : منہر ادھاس، محمد عزیز**

**موسیقار : لکشمی کانت پیارے لال**

**اداکار : سنجے دت، کمار گورو، امریتا سنگھ، پونم ڈھلون**

تیرے جانے کی خوشی اور دل اداس ہے
دور ہم ہوئے تو کیا دل تو دل کے پاس ہے
تو کل چلا جائے گا تو میں کیا کروں گا
تو یاد بہت آئے گا تو میں کیا کروں گا
تو کل بچھڑ جائے گا تو میں کیا کروں گا
تو مجھ کو بھول جائے گا تو میں کیا کروں گا
تیری یاد کو کہیں دور چھوڑ آؤں میں
اس قدر پلا مجھے تجھ کو بھول جاؤں میں

ہوش مگر آئے گا تو میں کیا کروں گا

تو یاد بہت آئے گا تو میں کیا کروں گا

تیرے جیسا کون ہے اور کس کا نام لوں

لا میں اسی بات پر اور ایک جام لوں

جام چھلک جائے گا تو میں کیا کروں گا

تو مجھ کو بھول جائے گا تو میں کیا کروں گا

بھول جانا تو مجھے زندگی سنوارنا

یاد نہ کرنا مجھے، ہنس کے دن گزارنا

تیرا غم رلائے گا تو میں کیا کروں گا

تو یاد بہت آئے گا تو میں کیا کروں گا

تو کل بچھڑ جائے گا تو میں کیا کروں گا

تو مجھ کو بھول جائے گا تو میں کیا کروں گا

تو کل چلا جائے گا تو میں کیا کروں گا

***

## گانا نمبر : ۱۲

# اے خدا ہر فیصلہ تیرا مجھے منظور ہے

فلم : عبد اللہ(۱۹۸۰ء)

نغمہ نگار : آنند بخشی

گلوکار : کشور کمار

موسیقار : آر ڈی برمن

اداکار : راج کپور، سنجے خان، زینت امان

اے خدا ہر فیصلہ تیرا مجھے منظور ہے
سامنے تیرے تیرا بندہ بہت مجبور ہے
اے خدا ہر فیصلہ تیرا مجھے منظور ہے، اللہ ہو
ہر دعا میری کسی دیوار سے ٹکرا گئی
بے اثر ہوکر میری فریاد واپس آ گئی، اللہ ہو
اس زمیں سے آسماں شاید بہت ہی دور ہے
سامنے تیرے تیرا بندہ بہت مجبور ہے
ایک گل سے تو اجڑ جاتے نہیں پھولوں کے باغ

کیا ہوا تو نے بجھا ڈالا میرے گھر کا چراغ، اللہ ہو
کم نہیں ہے روشنی ہر شے میں تیرا نور ہے
سامنے تیرے تیرا بندہ بہت مجبور ہے
اے خدا ہر فیصلہ تیرا مجھے منظور ہے
سامنے تیرے تیرا بندہ بہت مجبور ہے

***

## گانا نمبر : ۱۳

# چھوٹی سی ہے بات کوئی نہیں جانے

فلم : کاش (۱۹۸۷ء)

نغمہ نگار : فاروق قیصر

گلوکار : آشا بھونسلے، محمد عزیز

موسیقار : راجیش روشن

اداکار : جیکی شراف، ڈمپل کپاڈیہ

چھوٹی سی ہے بات کوئی نہیں جانے
راکھ سے شعلہ مچل پڑے
دیپ یہ پھر سے جل پڑے
لگی بجھا دے نا
دل نہیں مانے
میرے دل کی بات تو ہی نہیں جانے
پھول بھی سن کے برس پڑے
جھوم کے بادل ہنس پڑے

گلے لگا لینا
دل نہیں مانے

آج تجھ سے مل کے بھول بیٹھی دوری
چھیڑی پھر سے دل نے داستاں ادھوری
دیکھنے لگی ہیں آنکھیں سپنے سہانے
اب تو نہیں دل مانے

آج کی خوشی میں کل کے درد بھولے
کانپتے لبوں سے میرے ہونٹ چھو لے
یاد آ رہے ہیں مجھ کو گزرے زمانے
اب تو نہیں دل مانے

***

## گانا نمبر : ۱۴

# یہ قافلے یادوں کے کہیں کھو گئے ہوتے

فلم : فاصلے (۱۹۸۵ء)

نغمہ نگار : شہر یار

گلوکار : آشا بھونسلے

موسیقار : شیو ہری

اداکار : سنیل دت، ریکھا، فرح ، روہن کپور

یہ قافلے یادوں کے کہیں کھو گئے ہوتے
اک پل بھی اگر بھول سے ہم سو گئے ہوتے
اس موڑ پہ اب تجھ سے بچھڑنا نہیں آساں
پہلے ہی کہیں تجھ سے جدا ہو گئے ہوتے
ملتی کہ نہ ملتی یہ مقدر تھا ہمارا
منزل کی طرف اپنی قدم تو گئے ہوتے
دنیا بھی برا کہتی گلہ تجھ کو بھی ہوتا
ہم حد سے ذرا آگے چلے جو گئے ہوتے

یہ قافلے یادوں کے کہیں کھو گئے ہوتے
اک پل بھی اگر بھول سے ہم سو گئے ہوتے

***

## گانا نمبر : ۱۵

# راہ پہ رہتے ہیں، یادوں پہ بسر کرتے ہیں

فلم : نمکین (۱۹۸۲ء)

نغمہ نگار : گلزار

گلوکار : کشور کمار

موسیقار : آر ڈی برمن

اداکار : شرمیلا ٹیگور، شبانہ اعظمی، وحیدہ رحمان، سنجیو کمار

راہ پہ رہتے ہیں، یادوں پہ بسر کرتے ہیں
خوش رہو اہل وطن ہم تو سفر کرتے ہیں

جل گئے جو دھوپ میں تو سایا ہو گئے
آسمان کا کوئی کونا اوڑھا سو گئے
جو گزر جاتی ہے بس اس پہ گزر کرتے ہیں

اڑتے پیروں کے تلے جب بہتی ہے زمیں
مڑ کے ہم نے کوئی منزل دیکھی ہی نہیں
رات دن راہوں پہ ہم شام و سحر کرتے ہیں

ایسے اجڑے آشیانے تنکے اڑ گئے

بستیوں تک آتے آتے رستے مڑ گئے

ہم ٹھہر جائیں جہاں اس کو شہر کرتے ہیں

***

## گانا نمبر : ١٦

# بابل کا یہ گھر بہنا کچھ دن کا ٹھکانا ہے

فلم : داتا (۱۹۸۹ء)

نغمہ نگار : انجان

گلوکار : کشور کمار، الکا یاگنک

موسیقار : کلیان جی آنند جی

اداکار : متھن چکرورتی، پدمنی کولہاپوری

بابل کا یہ گھر بہنا کچھ دن کا ٹھکانا ہے
بابل کا یہ گھر گوری کچھ دن کا ٹھکانا ہے
بن کے دلہن ایک دن تجھے پیا گھر جانا ہے
بابل تیرے بغیا کی میں تو وہ کلی ہوں، رے
چھوڑ تیری بغیا مجھے گھر پیا کا سجانا ہے
بیٹی گھر بابل کے کسی اور کی امانت ہے
دستور دنیا کا ہم سب کو نبھانا ہے
مئیا تیرے آنچل کی میں ہوں، ایک گڑیا رے

تو نے مجھے جنم دیا تیرا گھر کیوں بیگانا ہے
مئیا پہ کیا بیت رہی بہنا تو یہ کیا جانے
کلیجہ کے ٹکڑے کو رو رو کے بھلانا ہے
بھیا تیرے آنگن کی میں ہوں، ایسی چڑیا رے
رات بھر بسیرا ہے صبح اڑ جانا ہے
یادیں تیرے بچپن کی ہم سب کو رلائیں گی
پھر بھی تیری ڈولی کو کاندھا تو لگانا ہے

***

## گانا نمبر : ۱۷

# سانس لیتی ہوئی آنکھوں کو ذرا سونے دو

فلم : ستم (۱۹۸۲ء)

نغمہ نگار : گلزار

گلوکار : آشا بھونسلے

موسیقار : جگجیت سنگھ، چترا سنگھ

اداکار : نصیرالدین شاہ، سمیتا پاٹل، وکرم

سارا دن جاگیں تو بے جان سی ہو جاتی ہیں
سانس لیتی ہوئی آنکھوں کو ذرا سونے دو
سانس لیتی ہوئی آنکھیں اکثر
بولتی رہتی ہیں گونگی باتیں
سارا دن چنتی ہوں، سوکھے پتے
رات بھر کاٹی ہیں سکھی راتیں
آنکھیں بجھ جاتی ہیں، یہ دیکھا ہے
زندگی رکتی نہیں، بجھتی نہیں

خواب چبھتے ہیں بہت آنکھوں میں
نیند جاگو تو کبھی چبھتی نہیں

ڈر سا رہتا ہے زندگی کا سدا
کیا پتہ کب کہاں سے وار کرے

آنسو ٹھہرے ہیں آ کے آنکھوں میں
نیند سے کہہ دو انتظار کریں

***

## گانا نمبر : ۱۸

# یما یما یما، یہ خوبصورت سماں

فلم : شان (۱۹۸۰ء)

نغمہ نگار : آنند بخشی

گلوکار : محمد رفیع

موسیقار : آر ڈی برمن

اداکار : سنیل دت، راکھی، ایتابھ بچن، ششی کپور، شتروگھن سنہا، پروین بابی، کلبھوشن کھربندا

یما یما یما، یہ خوبصورت سماں
بس آج کی رات ہے زندگی، کل ہم کہاں تم کہاں
یما یما یما، یہ خوبصورت سماں
کب کیا ہو جائے کس کو خبر، آ نچ لے جھوم کر
کب کیا ہو جائے کس کو خبر، آ نچ لے جھوم کر
یہ زندگی ایک لمبا سفر، پل بھر کے سب ہم سفر
ایک رات کے مہمان سب یہاں، کل ہم کہاں تم کہاں

یما یما یما، یہ خوبصورت سماں

بس آج کی رات ہے زندگی، کل ہم کہاں تم کہاں

ہنستے ہوئے ایسی شان سے، دیوانے جل جائیں گے

ارے جلتی شمع سے مل کے گلے، پروانے جل جائیں گے

رہ جائے گا یادوں کا دھواں، کل ہم کہاں تم کہاں

ارے رہ جائے گا یادوں کا دھواں

کل ہم کہاں تم کہاں

یما یما یما، یہ خوبصورت سماں

بس آج کی رات ہے زندگی، کل ہم کہاں تم کہاں

***

## گانا نمبر : ۱۹

# ہو گا تم سے پیارا کون

فلم : زمانے کو دکھانا ہے (۱۹۸۲ء)

نغمہ نگار : مجروح سلطان پوری

گلوکار : شیلندر سنگھ

موسیقار : آر ڈی برمن

اداکار : رشی کپور، پدمنی کوہلاپوری

ہو گا تم سے پیارا کون
ہم کو تو تم سے ہے، ہے کنچن پیار
اونچے گھر والی ہو، یا گلیوں کی رانی
کوئی بھی ہو تم رہتی ہو کہیں
تم سے بڑھ کر یارا کون، ہم کو تو تم سے ہے ---
دیکھو ان آنکھوں میں یہ صورت ہے کس کی
ایک نظر تو دیکھو کم سے کم
آخر ہے ہمارا کون، ہم کو تو تم سے ہے ---

کہتے ہو کہ جاؤ، لیکن بتلاؤ
جائیں بھی تو جائیں ہم کہاں
ایسا دل کا مارا کون
ہم کو تو تم سے ہے، ہے کنچن پیار

***

## گانا نمبر : ۲۰

# ساری دنیا کا بوجھ ہم اٹھاتے ہیں

فلم : قلی (۱۹۸۳ء)

نغمہ نگار : آنند بخشی

گلوکار : شبیر کمار

موسیقار : لکشمی کانت پیارے لال

اداکار : ایتابھ بچن، رشی کپور، رتی اگنی ہوتری

ساری دنیا کا بوجھ ہم اٹھاتے ہیں
اٹھاتے ہیں، بوجھ اٹھاتے ہیں، ساری دنیا کا ---
لوگ آتے ہیں لوگ جاتے ہیں
ہم یہیں پہ کھڑے رہ جاتے ہیں، ساری دنیا کا ---
چار کا کام ایک کا دام ہے
خون مت پیجیے اور کچھ دیجیے
ایک روپیہ ہے کم ہمیں خدا کی قسم
بڑی محنت سے روٹی کماتے ہیں، ساری دنیا کا ---

تھوڑا پانی پیا یاد رب کو کیا

بھوک بھی مٹ گئی، پیاس بھی بجھ گئی

کام ہر حال میں، نام کو سال میں

عید کی ایک چھٹی مناتے ہیں، ساری دنیا کا ---

جینا مشکل تو ہے، اپنا بھی دل تو ہے

دل میں ارمان ہیں، ہم بھی انسان ہیں

جب ستاتے ہے غم، عیش کرتے ہیں ہم

بیڑی پیتے ہیں اور پان کھاتے ہیں

ساری دنیا کا بوجھ ہم اٹھاتے ہیں

***

## گانا نمبر : ۲۱

# آپ کا کیا ہو گا جناب عالی

فلم : لاوارث (۱۹۸۱ء)

نغمہ نگار : پرکاش مہرا

گلوکار : کشور کمار

موسیقار : کلیان جی آنند جی

اداکار : امیتابھ بچن، زینت امان، امجد خان، راکھی

اپنی تو جیسے تیسے تھوڑی ایسے یا ویسے کٹ جائے گی

آپ کا کیا ہو گا جناب عالی آپ کا کیا ہو گا

اپنے آگے نہ پیچھے نہ کوئی اوپر نیچے رونے والا

نہ کوئی رونے والی جناب عالی آپ کا کیا ہو گا

آپ بھی میری طرح انسان کی اولاد ہیں

آپ منہ مانگی دعا ہم ان سنی فریاد ہیں

وہ جنہیں سارا زمانہ سمجھے لاوارث یہاں

آپ جیسے ظالموں کے ظلم کی ایجاد ہیں

گالی حضور کی تو لگتی دعاؤں جیسی

ہم دعا بھی دیں تو لگے ہے گالی

آپ کا کیا ہوگا ---

آپکے ماتھے سے چھلکے جو پسینہ بھی کہیں

آسماں ہلنے لگے اور کانپ اٹھے یہ زمیں

آپ کا تو یہ پسینہ خون سے بھی قیمتی

اور اپنے خون کی قیمت یہاں کچھ بھی نہیں

اپنا تو خون پانی جینا مرنا بے ایمانی

وقت کی ہر ادا ہے اپنی دیکھی بھالی

آپ کا کیا ہوگا جناب عالی ---

***

## گانا نمبر : ۲۲

# میں تیری دشمن تو میرا

فلم : نگینہ (۱۹۸۶ء)

نغمہ نگار : آنند بخشی

گلوکار : لتا منگیشکر

موسیقار : لکشمی کانت پیارے لال

اداکار : رشی کپور، سری دیوی

میں تیری دشمن تو میرا
میں ناگن تو سپیرا
جنم جنم سے تیرا میرا بیر
او ربا خیر
آج تو بدلہ میں بس لوں گی
چھیڑ نہ مجھ کو میں ڈس لوں گی
جنتر منتر جادو ٹونے
یہ تو ہیں میرے کھیل کھلونے
مجھ پہ چلے گا نہ زور تیرا

میں ناگن تو سپیرا
چھیڑ کے اپنی بین کا لہرا
تونے بچھایا مجھ پہ پہرا
]اور اس ات بٹھایا؟[
بس میں نہیں میں آنے والی
میں نہیں دھوکہ کھانے والی
آیا ہے جوگی بن کے لٹیرا
میں ناگن تو سپیرا
سب کی زباں پر میری کہانی
میرا ڈسا ہوا مانگے نہ پانی
تیرا تماشہ سب دیکھیں گے
کیا ہوتا ہے اب دیکھیں گے
دیکھے گا نہ تو کل کا سویرا
میں ناگن تو سپیرا

***

## گانا نمبر : ۲۳

# سچ میرے یار ہے، بس وہی پیار ہے

فلم : ساگر (۱۹۸۵ء)

نغمہ نگار : جاوید اختر

گلوکار : ایس پی بالاسبرامنیم

موسیقار : آر ڈی برمن

اداکار : رشی کپور، کمل ہاسن، ڈمپل کپاڈیہ

سچ میرے یار ہے، بس وہی پیار ہے
جس کے بدلے میں کوئی تو پیار دے
باقی بیکار ہے، یار میرے
جس ہاتھ میں ایک ہاتھ ہے، اس ہاتھ کی کیا بات ہے
کیا فاصلے، کیا منزلیں، ایک ہمسفر گر ساتھ ہے
جس کی قسمت کوئی یوں سنوار دے، وہ ہی دلدار ہے یار میرے
جھومے زمیں، جھومے گگن، تیرے لیے ہو کے مگن
کھلتے رہیں سپنے ترے، مہکا رہے دل کا چمن

زندگی تجھ کو ایسی بہار دے، دل کی پکار ہے یار میرے
سنتے تھے ہم یہ زندگی، غم اور خوشی کا میل ہے
ہم کو مگر آیا نظر، یہ زندگی وہ کھیل ہے
کوئی سب جیتے، سب کوئی ہار دے، اپنی تو ہار ہے یار میرے

***

## گانا نمبر : ۲۴

# زند لے گیا وہ دل کا جانی

فلم : آپ کے ساتھ (۱۹۸۶ء)

نغمہ نگار : آنند بخشی

گلوکار : لتا منگیشکر

موسیقار : لکشمی کانت پیارے لال

اداکار : سمیتا پاٹل، ونود مہرہ، انیل کپور، رتی اگنی ہوتری

زند لے گیا وہ دل کا جانی
یہ بت بے جان رہ گیا
مہمان چلا گیا گھر سے
یہ خالی مکان رہ گیا
خوابوں سے تقدیریں کب بنتی ہیں
پانی پہ تصویریں کب بنتی ہیں
نہ رنگ رہا کوئی باقی
نہ کوئی نشان رہ گیا

اس آندھی کا اس طوفاں کا زور کسی کو یاد نہیں ہے
آئی تھی ایک روز قیامت اور کسی کو یاد نہیں ہے
بس ایک میرا دل ٹوٹا یہ سارا جہاں رہ گیا
اپنے زخموں اپنے صدموں سے میں کتنی شرمندہ ہوں
کیا کارن ہے کیا ہے سبب جو آج بھی اب بھی میں زندہ ہوں
لگتا ہے کہ میرا باقی کوئی امتحاں رہ گیا

***

## گانا نمبر : ۲۵

# مبارک ہو تم سب کو حج کا مہینہ

فلم : قلی (۱۹۸۳ء)

نغمہ نگار : آنند بخشی

گلوکار : شبیر کمار

موسیقار : لکشمی کانت پیارے لال

اداکار : ایمتابھ بچن، رتی اگنی ہوتری، رشی کپور

نظر روضۂ مصطفی ڈھونڈتی ہے
دیارِ رسولِ خدا ڈھونڈتی ہے
مبارک ہو تم سب کو حج کا مہینہ
نہ تھی میری قسمت کہ دیکھوں مدینہ
مدینے والے سے میرا سلام کہنا
پھٹا میرے غم سے سمندر کا بھی سینہ
نہ تھی میری قسمت۔۔۔
وہاں کوئی چھوٹا نہ کوئی بڑا ہے

وہاں ہر بشر ایک صف میں کھڑا ہے
محمد کی چوکھٹ پہ جو گر پڑا ہے
اسی کا ہے مرنا، اسی کا ہے جینا
نہ تھی میری قسمت۔۔۔

بہت دور ہوں، میں تیرے آستاں سے
میری حاضری لے لے آقا یہاں سے
مجھے بخش دے زیست کے امتحاں سے
کہ مجبور ہوں میں غمِ دو جہاں سے
چنے گل سبھی نے تیرے گلستاں سے
مجھے صرف کانٹے ملے کیوں فضا سے
تجھے سب پتہ ہے کہوں کیا زباں سے
فقط ایک اشارہ تو کر دے وہاں سے
ستارے ہیں قسمت کے نامہرباں سے
جدا کر نہ دیکھ ایک بیٹے کو ماں سے
اگر حکم ہے موت کا آسماں سے
بدل دے میری جاں، میری ماں کی جاں سے

او شاہِ و عالم، او شاہِ مدینہ
مبارک ہو تم سب کو۔۔۔

***

## گانا نمبر : ۲۶

# انتہا ہو گئی انتظار کی

فلم : شرابی (۱۹۸۴ء)

نغمہ نگار : پرکاش مہرہ

گلوکار : کشور کمار، آشا بھونسلے

موسیقار : بپی لہری

اداکار : امیتابھ بچن، جیا پردا، پران

انتہا ہو گئی انتظار کی
آئی نہ کچھ خبر، میرے یار کی
یہ ہمیں ہے یقیں، بے‌وفا وہ نہیں
پھر وجہ کیا ہوئی، انتظار کی، انتہا ہو گئی۔۔۔
بات جو ہے اس میں، بات وہ یہاں کہیں نہیں کسی میں
وہ ہے میری، بس ہے میری، شور ہے یہی گلی گلی میں
ساتھ وہ ہے میرے،
غم میں میرے دل کی ہر خوشی میں

زندگی میں وہ نہیں تو کچھ نہیں ہے میری زندگی میں
بجھ نہ جائے یہ شمع، اعتبار کی، انتہا ہو گئی۔۔۔
او، میرے سجنا، لو میں آ گئی
ارے، لوگوں نے دیئے ہونگے بڑے بڑے نذرانے
لائی ہوں، میں تیرے لئے دل میرا
دل یہی مانگے دعا ہم کبھی ہوں نہ جدا
دل میرا تیرا ہے یہ دل میرا
یہ میری زندگی ہے تیری
تو میرا سپنا، میں تجھے پا گئی
او، میرے سجنا، لو میں آ گئی، لا لا۔۔۔
غموں کے اندھیرے ڈھلے، بجھتے ستارے جلے
دیکھا تجھے تو دلوں میں جان آئی
ہونٹوں پہ ترانے جگے، ارمان دیوانے جگے
بانہوں میں آکے تو ایسے شرمائی
چھا گئی پھر وہی بےخودی، لا لا۔۔۔
وہ گھڑی کھو گئی انتظار کی

آ گئی رت حسیں، رسم یار کی
یہ نشہ یہ خوشی، اب نہ کم ہوں کبھی
عمر بھر نہ ڈھلے، رات پیار کی

***

# فہرست